Jeux de mots de tête

Jeux de mots de tête

Remerciements à ma cervelle, source intarissable de blagues quotidiennes…

Jeux de mots de tête

Lettres à …

Lettre à mon garagiste

A LA CLEF A MOLETTE
7, Rue de la crique.
30200 Bagnols-sur-Cèze

Monsieur,

Je reçois à ce jour votre facture. Hors, bien que j'aie **l'essence** de l'humour, je tenais à vous signaler que j'ai fait comme ma **carte, grise** mine en la détaillant.

Je trouve le montant de vos travaux **super** excessif et c'est pourquoi je me plains en **voyant** tous ces chiffres que vous avez accumulés avec tant d'a**plombs** alors que vous ne vous êtes pas **fuelés** pour les réparations. En ce qui concerne la roue, je ne vais pas me **dégonfler** pour vous dire que vous exagérez un petit **pneu.**
Je devrais taper dans mes épargnes pour les réparations que vous avez effectuées sur ma **caisse,** si toutefois j'envisageais d'honorer votre facture, comme je le fais à **l'ordinaire.**

En matière de montant exorbitant, vous êtes un **cas rosse** :
- 100 euros pour une rustine, c'est vraiment **gonflé.**
- 600 euros, pour un phare, il ne faut pas être une **lumière** pour savoir qu'on peut en trouver à un prix moins prohibitif.

- 60 euros pour changer une **ampoule** de phare, il est inutile d'être **branché** pour être au **courant** du prix d'une ampoule, il suffit de pénétrer dans l'une des grandes surfaces **du secteur**, même si c'est une véritable **prise** de tête.
- 75 Euros pour vérifier les **niveaux**… pas de doute, pour ce prix-là vous avez dû confier ce travail à une **huile** que vous payez plein **pot** sans **échappement** possible.
- 120 Euros pour deux litres d'huile. A ce tarif, il ne peut s'agir que d'huile sacrée, celle que les prêtres, évêques, et autres **sous papes** appliquent encore de nos jours dans leurs habits **sacerdotaux**.

Il est certain qu'avec de tels sommes, vous devez vous faire une **vie d'ange**. **Fina**lement, vous m'avez, par le biais de cette facture, fait la **totale**. Mon mari et moi serions **des sots** si nous acceptions une telle tarification.

Etant donné que vous n'êtes pas **franc**, en nous **volant**, je ne vous verserai pas un **centime** sur les bases de votre chiffrage qui est un total d**élire** et qui **marque** mon désaccord avec vos méthodes.
 Sur ces dernières paroles, je préfère mettre un **frein** à cette conversation avant que vous ne vous **braquiez** et que cela prenne un mauvais **tournant**.

Oscar BURAND

Jeux de mots de tête

Lettre à ma coiffeuse

**Salon Natacha
34, Rue Alexandre
25120 MAICHE**

Madame,

Hier, ma fille avait rendez-vous pour une coupe dans votre salon. Au risque de faire des réflexions **tirées par les cheveux**, je viens à vous pour exprimer mon mécontentement.

Tout d'abord, vos méthodes **frisent** le ridicule. Je l'ai trouvé un peu **raide** qu'on lui demande de la **boucler** alors qu'elle réclamait simplement une coupe tendance.
Je peux vous assurer que votre employée ne manque pas d'**air.** Elle était, certes, en col**ère**, les clients **ont dû l'**énerver avec leurs demandes **permanentes** pour ressembler à telle ou telle actrice en vogue.

Sachez qu'aujourd'hui, je suis au bout du **rouleau,** voir **même** en pleine **détresse,** et si je suis peu accoutumée à faire de vague, même une mini vague, je ne vais pas me laisser **faire.**
Que la coupe soit trop courte n'est pas grave, ça repousse, mais lui faire une couleur à son insu, s'en est trop : la **coupe** est pleine. Je ne sais pas avec qui vous êtes de **mèche**, mais plus jamais je ne vous confierai ma fille et si vous pensez que je vais vous régler, vous pouvez toujours vous **brosser.** Vous lui en avez fait voir de toutes les **couleurs** et nous irons jusqu'à nous **crêper le chignon** s'il le faut !

Si vous omettiez de me dédommager… Bien entendu, toute ma famille et amis à qui je ne manquerai pas de conter vos exploits n'auront qu'un slogan, sans marquer un temps **d'arrêt** devant votre boutique : **Chauve qui peut !**

Laure EOLE
(Par ce que je vaux beaucoup mieux que cela)

Jeux de mots de tête

Lettre à mon épicier

**Aux Fruits de la Passion
22, Allée des Châtaigniers
84100 Orange**

Monsieur,

Je vous écris, car aujourd'hui, en ayant gros sur la **patate,** je **n'avais** pas le choix. En effet, vous m'avez envoyé des fruits complètement pourris. Je me sentais si mal que j'ai failli tomber dans les **pommes.** Si au lieu de vous **légumer** vous étiez consciencieux, cela porterait sûrement ses **fruits.**

Je ne saurais trop vous conseiller de me remplacer cette marchandise défectueuse, faute de quoi vous risqueriez de gros **pépins.** Pour vous, pas de **quartier**, ça sera pour votre **pomme** !

Je vous entends déjà penser « **Melon** nous de ce qui nous regarde », mais je souhaite néanmoins que le service d'hygiène vous colle une bonne **prune** puisque vous n'êtes pas **mûrs** pour vendre de la qualité.

Je suis consciente d'avoir tendance à un peu trop ramener ma **fraise,** mais dans ce cas-ci, ma lettre aura plus de **poids :** toutes vos **salades** sur la prétendue fraîcheur de vos fruits et légumes n'ont pas d'effet sur moi. Je ne vais pas **flageoler** pour si peu, même si vous commencez à me courir sur le **haricot.**

Le fait de mentir sur la date de péremption de vos produits est très **mesclun** de votre part et me donne la nette impression de passer pour un **cornichon**. J'ai même raconté à ma voisine, **la nana** d'à côté, la façon dont vous m'avez prise pour une **poire,** c'est pourquoi je vous mets à **l'amende.**

De toute façon, même si je voulais vous payer, je n'y arriverais pas, car je n'ai plus un **radis**. Si ma correspondance a le don de vous irriter, sachez que la mise **en boîte conserve.** Bien sûr, vous allez me demander de vous lâcher **la grappe** et d'aller voir chez vos confrères, ce à quoi je vous répondrai que la concurrence conduit souvent à un **bon duel.**

Enfin, pour conclure, vous voilà **marron,** car mes jeunes **potes iront** en grande surface et j'aiderai mes **potes âgés** à faire leurs petites emplettes.

Hélène BONNEPOIRE

Jeux de mots de tête

Lettre à mon boulanger

> **A la flûte Enchantée**
> **7, Rue du bon Grain**
> **22500 Paimpol**

Monsieur,

Vous avez essayé de rouler ma pauvre ma**mie** dans la **farine** en lui facturant 6 baguettes à 8 euros. Je ne sais pas si vous vouliez vous venger de votre femme qui vous mène à la **baguette**, ou si vous aviez envie de coller un **pain** à quelqu'un, mais vous pourriez rapidement vous retrouver dans le **pétrin** en continuant à commettre ce genre d'erreur.

Si certains de **vos bâtards** de clients et autres **glands** sont attirés par le spectacle de votre employée, qui soit dit en passant, pense plus à satisfaire au regard de la gent masculine en montrant ses **miches** et les rendant **baba**, qu'à rendre correctement la monnaie, vous comprendrez aisément qu'à 79 ans, ma**mie Charlotte**, toute **gringalette** qu'elle est, s'en moque éperdument et que votre épouse qui remplit **les mille feuilles** de comptabilités si souvent **feuilletées** par vos propres **pattes** chaque semaine aurait vite fait, si elle surprenait vos propres œillades, d'y mettre bon ordre, en **un éclair** suivi de deux **tartes**, même si ça n'est pas du **gâteau.**

Tout ce baratin n'a pas pour but de vous coller les **boules,** mais de vous faire comprendre que mon énervement envers les commerçants malhonnêtes s'en va **croissant.** Même si ceux qui en **pâtissent rient**, il ne serait pas surprenant que quelques **tuiles** finissent par vous tomber dessus.

Sur ses bonnes paroles, laissons de côté l'aspect **financier**, je préfère vous laisser, afin de casser une petite **croûte** bien méritée.

Sabri HAUCH

Lettre à mon boucher

                              A L'OS COURT
               A l'attention de Mr Jean BONNEAU
                            45, Rue Rossini
                                09000 FOIX

                                      Monsieur,

Je vous écris cette lettre pour vous signaler que la viande que vous m'avez vendue hier était avariée. Il vous est certes, facile de tailler une **bavette** avec vos clients, mais vous feriez mieux de mieux servir les **gens bons.**

Je ne suis **pas née** de la dernière pluie et tout à fait consciente que ce baratin ne sert qu'à masquer l'absence de qualité qui **s'abat** sur vos produits. Je n'ai pas réagi tout de suite, car j'étais **cuite** et que vous ne m'auriez pas **cru,** mais aujourd'hui, ma lettre arrivera **à point.**

Faut filer de la bonne viande, pas n'importe quoi. Si vous pensez **épater** le client avec ce genre de prestations, vous vous **viandez** complètement. J'en ai d'ailleurs touché quelques mots à cette chère Mme De**veau**, qui n'en fait certes, bien souvent qu'à sa **tête**. Lorsqu'elle vous a fait part de la mort de sa tante Adèle, ne lui avez-vous pas donné 200 grammes de **mortadelle** alors que cela aurait dû vous fendre le **cœur** et vous retourner les **tripes.**

Jeux de mots de tête

A notre brave curé qui demandait des os pour son chien déjà aux **abois**, ne lui avez-vous pas répondu, prenez ce vieux morceau de couenne, **ça sert d'os** ou alors, ma **foi,** je vais la balancer pour qu'elle **vole au vent.** Je ne vais pas ent**érin**er tout ceci et même vous épater, car j'ai réussi à ingurgiter cette viande infâme, car celui qui aime la **carne avale.**

De toute façon, je ne sais pas pourquoi je m'évertue à parler à quelqu'un qui n'a pas de **cervelle** et qui en plus est complètement **bouché.**

Henriette DUMANS

Jeux de mots de tête

Lettre à mon poissonnier

A la sole Normande
23, rue de la République
49400 Saumur

Monsieur,

Cette correspondance pour vous dire que je ne commanderai plus rien dans votre poissonnerie pour les raisons suivantes :

Tout d'abord, la rue de la **ré**publique est la plus malfamée de la **vieille** ville.

Dès qu'on s'y **arrête,** on a droit à la faune habituelle des **morues** qui travaillent sous l'œil attentif de leurs **maquereaux,** à l'angle de la rue où se trouvent les **bars.**

Il s'agit donc d'un problème de **lieu,** ne cherchons pas à noyer le **poisson.**

D'autre part, je vous avais demandé de vider les poissons et vous n'avez rien fait, car chez vous, tout le monde s'en **fiche**. Si vous aviez mis le **turbo** pour mieux satisfaire à ma demande, mes illusions ne seraient pas **détruites.**

Je continuerai, certes, à manger du poisson, ne serait-ce que pour garder la **ligne,** n'être **pas lourde** et avoir la **pêche,** mais ce sera dans un autre établissement, un de ceux qui ne poussent pas le **bouchon** et dans lequel je n'aurai pas à hausser le **ton.**

Avec le temps, nous **verrons** à qui nous pouvons faire confiance.

Pour l'instant, je ne tomberai plus dans vos **filets**. Au **lieu** de mener tout le monde en **bateau** et de préférer la **dorade** au soleil, vous feriez mieux d'essayer de mener mieux votre **barque** et de moins **ramer** dans vos prestations, évitant les déboires avec vos clients et les histoires qui finissent en **queue** de poisson.

Ray MANTA

Jeux de mots de tête

Lettre à mon médecin

Professeur Grossin
12 rue Béole
37600 LOCHES

Docteur,

J'ai longtemps hésité à vous écrire, pour ne rien vous **cacher**, et si aujourd'hui je me décide à le faire, c'est pour vous parler de **mes deux seins**.

J'ai consulté vos confrères du Haut-**Rhin**, où je réside, et n'ai pu avoir d'avis sur l'opportunité de répondre à ma demande d'implants. Même les **pros se tâtent** et j'hésite encore à monter à Paris.

Il faut que j'en discute en famille, afin de ne pas faire **d'impair** avec mes implants **mammaires**. Il est certes préférable d'avoir un **corps beau** plutôt qu'un **corps sage**. Il y a eu beaucoup de progrès au niveau des prothèses ces dernières années. Avant, on ne savait pas ce que le **silicone valait**. Désormais, avec les progrès en matière de chirurgie esthétique, je me sens un peu plus rassurée.

Jeux de mots de tête

J'aurai souhaité un bonnet C, mais je préfère une opération réussite qu'un **bon essai.** Si toutefois mon **dessein** me conduisait à une carrière artistique, j'opterais pour un **bonnet M.** Pour tout vous dire, docteur, je ne sais plus à quel **saint** me vouer.

Emma TOME

Jeux de mots de tête

Lettre à mon avocat

Maître Carmel
Tribunal de grande instance
60500 Chantilly

Maître,

Vu le **noyau** du problème, je dois faire appel à un **avocat**, car quand les ennuis commencent, il faut toujours se tourner **vers eux**, car avec un **notaire**, on ne pourrait tirer l'affaire au **clair**. Mon voisin, j'en suis certaine, est l'auteur du viol commis sur Melle X.

En effet, j'ai été témoin involontaire de la scène. Avec cette fille, il se croyait en **terrain** conquis puisqu'il s'est donné le **droit** de n'être **pas sage**. Il n'avait pourtant pas **intérêt** à la regarder de **prêt**. Depuis des mois il était excité par cette grande blonde et chaque fois qu'il la voyait, il avait le **barreau**. Bien sûr, personne ne s'en est jamais douté, car il faisait **bande** à part. Je l'ai vu souvent lui faire la **cour**, mais comme elle ne répondait jamais à ses **appels**, il est devenu plus violent.

Un jour où elle était **assise** sur un **banc**, il l'a **défringué** au **parquet**, enfin jeté sur le sol et l'a traité de **grosse**. Ce jour-là, il est passé du **pouvoir** à la **castration**. En tant que témoin de cet acte **si vil**, je me devais de vous avertir. Vous voilà donc **prévenu**. Nous **méprisons** tous ce genre d'odieux personnage, ici à **Aubagne**, car cela crée toujours **des tensions**. J'en arrive donc à la solution qu'il faut le condamner car il n'y a pas **dix solutions.**

De plus, si vous le bouclez, il risque de s'échapper après cet **abus**. En effet, c'est un véritable **poivrot** et tout le monde sait que l'alcool détruit les **cellules**. Et s'il boit comme un **trou**, on l'y jettera sans hésitation, et il y pourrira pendant des années. De toute façon, ce n'est pas le genre de gars qui **vit âgé**. Que vous **huissier** compris tout ce que je vous ai écrit ou non, je **demeure** persuadée qu'il faut que je **mise** tout sur votre confiance pour arrêter ce pervers.

Claire DENOTAIRE

Jeux de mots de tête

Lettre à mon professeur

> A l'attention de monsieur Jean Seigne
> Lycée Félix Mayer
> 57600 Forbach

Monsieur,

Aujourd'hui, j'**élève** la voix pour vous exprimer mon mécontentement à l'égard de vos méthodes. C'est moi qui vais vider mon **sac** et bientôt vous m'aurez à vos **trousses**. Vous devez vraiment avoir un **compas** dans l'œil pour ne pas voir que mon fils n'a pas triché.

Comment osez-vous l'accuser de cacher des **pompes**. Il n'a rien fait, c'est là **chose sûre**. On se demande de quoi **se mêle** l'éducation nationale, car il est évident que ce n'est pas en l'accusant que ça le **mate**. Vous vous prenez pour une **identité remarquable**, mais vous êtes sur la mauvaise **tangente** et c'est un très mauvais **calcul**. Vous vous fiez à votre flair, mais on ne peut pas se fier **qu'aux sinus**, chose que je ne dis ni au **pif**, ni à vue de **nez**. Je vais vous **ordonner** de retirer le zéro que vous lui avez octroyé ainsi que la sanction qui l'accompagne.

Je sais que vous ne l'aimez pas et que vous cherchez par tous les moyens à le punir injustement. Vous l'aviez même mis absent lors de **l'appel du 18 Juin** alors qu'en **général**, il est présent à tous les cours. Mais je ne vais pas vous chercher des **histoires**. Si vous levez la punition, je peux même un jour vous **renvoyer** l'as**censeur**.

J'espère que vous répondrez avec **classe** à mes doléances et que vous ne serez pas à **court** d'arguments si toutefois vous ne **révisiez** pas votre jugement.

Et si vous vous plaigniez, vous ne seriez qu'un **rapporteur.** Si d'autres élèves passent à **l'as** alors qu'ils ne se tiennent pas au **carreau,** cela vient du fait que vous donnez vraiment des cours à la **carte** et ça, c'est loin d'être un **atout.**

Barbara LEBOL

Jeux de mots de tête

Réponse de mon professeur

Madame,

Votre courrier ne m'a pas étonné. Je comprends d'autant mieux le comportement de votre fils Thomas vu que vous semblez le soutenir. Si vous portez plainte, j'aurai moi aussi recours à la justice, vu que je **garde des sots.**

Les essais de votre fils sont truffés de fautes et pour repérer toutes ses **perles** il faudrait que vous vous **colliez** plus souvent à ses devoirs. A force de le **regarder** faire le pitre, je vais finir par ne plus le **voir** et dans un **sens**, on ne pourra plus **s'entendre.** Il s'amuse à dessiner sur les tables et prétend faire des ar**rêts création**, je ne sais dans quel **dessein** d'ailleurs. Le seul art que je lui connaisse est celui de m'énerver. A la fin de l'heure, il fiche le **camp** sans noter les devoirs, car il manque de **concentration.** On ne peut rien lui dire, car il n'accepte aucune remarque, c'est un peu le ventre mou de la classe, c'est pourquoi maintenant je **laisse Thomas.**

Si votre fils préfère travailler chez vous, il n'a qu'à faire **les maths au logis.** S'il veut être **restaurateur**, il va falloir mettre les **bouchées doubles** afin de faire **recette.** S'il veut faire **jardinier**, ce qui soi-disant en passant lui irait très bien vu qu'il est **bêcheur**, il faudra qu'il passe un bac **Riviera** et qu'il évite de se prendre un **râteau** et surtout qu'il soit présent à **l'appel.**

Il est certain que votre fils me ferait un beau **cadeau** en mettant le **paquet**, car même si c'est **coton** de faire une analyse **synthétique** et de se mettre sérieusement au travail, il faut qu'il se **taise** pour une meilleure **maîtrise** du langage.

Même avec une équipe de **bras cassés**, et ils sont nombreux dans ce cas, il faut qu'il s'y **attèle** et qu'il **bûche** avant **Noël**. S'il est souvent **collé,** cela est dû à son manque de **retenue**. Il prendrait moins de **cartons** s'il fermait sa **boite. De fil en aiguille, i**l sera battu à plate **couture** et si les choses ne tournaient pas **rond**, il pourrait rapidement se retrouver avec une tête au **carré.**

Passer un **examen** n'est pas un **concours** de circonstances. **La tension** monte quand **l'attention** baisse. Même quand il travaille sur l**'ordinateur,** son travail n'est pas très **net**. D'ailleurs, il est très en retard dans le **programme** et on ne peut pas dire qu'il **excelle**. Et ça n'est pas en faisant la **java** que ça va s'arranger. Il va falloir dire quelque chose **au fils**, et cela, avant **Pâques,** sinon, il y a de la **bile** à se faire.

Jean SEIGNE

Lettre à ma fleuriste

> Aux Fleurs du mal
> Rue des regrets
> 32400 FLEURANCE

Madame,

Ma tante **violette** a dû se retourner dans sa tombe lorsque j'y ai déposé la gerbe que vous m'avez livrée. Des **fleurs** quelconques toutes sélectionnées dans des rouges vifs… c'est **le bouquet** !

Vous vous êtes lamentablement **plantée.** J'avais pourtant lourdement insisté en vous demandant une composition florale à base de **fleurs** blanches, pour ma pauvre tante à qui, certes, on ne comptait plus **fleurette** de puis fort longtemps. On devine que dans vos **pensées**, il n'était point besoin de se casser **le tronc** pour une vieille **branche.**

Vous êtes pourtant dans la **fleur** de l'âge et je m'attendais à plus d'expérience de votre part. La douleur infligée par mon deuil me ferait presque vous envoyer sur les **roses**. Face à cette désinvolture, mes cheveux **s'irissent.** Aujourd'hui, rien ne me frêne pour vous dire que vous auriez pu mieux faire votre **boulot** pour cet **être** exceptionnel au lieu de répondre à ma commande au ras des **pâquerettes.**

Enfin, je vous mets tout de suite au **parfum**, je ne manquerai pas de demander à mes amis d'éviter votre boutique dont les compositions florales ne méritent ni **couronnes** ni **lauriers,** pas même **une pensée.**

Marguerite HASSE

Jeux de mots de tête

Lettre à un musicien

**Alain Strumant
18, rue Debussy
20215 Piano**

Monsieur,

Je suis allée à votre dernier concert, salle Playel, mardi dernier et là, j'en suis restée sans voix. Tout cet adage autour de votre soi-disant talent, c'est vraiment du **pipo**. **Flûte** alors, se déplacer pour assister à autant de **canards**, il y en a vraiment **marre**.

Au fur et à **mesure** que les fausses notes pleuvaient, ma colère s'en allait **crescendo.** J'avais juste envie de vous envoyer **valser,** mais je me suis contentée de masquer mon **blues.**

Les instruments n'étaient pas accordés, ce qui a eu de sérieuses ré**percussions** sur tout l'orchestre. Il aurait fallu accorder vos **violons** au lieu de vous évertuer à masquer les fausses notes.

Je suis rentrée **si tard** que je ne vous ai pas écrit tout de suite, mais si je vous avais eu en face, je vous aurais immédiatement fait part de mon mécontentement. Il n'est pas dans mes **cordes** de ne rien dire, je vous **l'accorde,** et je **lutte** contre ceux qui me cassent les oreilles, au risque de me prendre un **vent.** Vous êtes bien loin du niveau **bac,** alors doucement les **basses.**

Pour moi, une soirée réussie se passe sans **bémol**, prenez-en bonne **note**, car quand on en entend trop, ce qui fut le cas lors de cette soirée, on risque la **syncope.**

Guy TARRE

Jeux de mots de tête

Lettre à mon peintre

> **Eddy Solvant**
> **40, faubourg Saint-en-Duit**
> **33230 Les Peintures**

Monsieur,

Votre société a complètement raté mes travaux et je ne peux désormais plus la **voir en peinture**. Vous avez toute mon assurance qu'avec un ouvrier comme celui que vous avez mandaté, vous êtes **vernis.** Loin d'être **brillant,** et en plus il **mate** tout le monde, il a si mal peint le plafond de ma cuisine qu'il cloque de nouveau.

Si vous **projetez** de le refaire, je vous saurai gré de bien vouloir mandater un autre ouvrier, le dernier s'emmêlant complètement les **pinceaux.**

Il m'a certes avoué qu'il était au bout du **rouleau,** mais ça n'était pas une raison pour que mon logement en voie de toutes les **couleurs.** Le choix des peintures était **bidon,** car j'avais commandé du **blanc** et je me retrouve avec des nuances **grisâtres** qui font que je suis **vert** de rage d'avoir eu affaire à des **bleus**, alors que vous êtes sensés être des professionnels du bâtiment.

Il ne me reste plus qu'à refaire faire les travaux par une entreprise compétente, qui n'aura plus qu'à **essuyer les plâtres.** Quant à la prétendue ponctualité de votre ouvrier, laissez-moi vous dire que chaque fois que je lui faisais un reproche sur son retard, il avait un alibi en **béton.** Et vous pouvez me faire confiance, je suis une **fille sûre,** même si la situation donne plutôt envie de **craquer.**

Dans l'attente d'une solution, ou au moins d'une ré**ponse**, j'ai décidé de porter **plainte** et de faire constater les **dégâts** par un huissier**.** Il est désormais inutile de sortir de vos **gonds,** ce qui n'ap**porte** jamais rien, étant donné que je vous enverrai prochainement un compte-rendu de la procédure.

Amédé GADEZO

Lettre à mon supermarché

                              Supermarché Maxi-Prix
                A l'attention de Madame Sophie Délité
                                    22, rue Descartes
                                    03120 Saint-Prix

                                Madame,

Étant donné que je passe **le clair** de mon temps à faire des courses dans votre établissement, situé à l'angle de mon **carrefour**, je n'irai pas par trente-six **chemins** pour vous dire qu'il est temps que vous révisiez vos tarifs en adoptant des **mini prix**. Autant aller chercher mes légumes **aux champs** ! L'autre jour j'ai été **super eu** par rapport à un de vos concurrents qui me fait souvent des ristournes sur les produits. J'ai envie de changer de fournisseur officiel pour mes emplettes et je me demande d'ailleurs ce **qu'a dit** le sous-directeur à ce sujet, lui qui en connaît un **rayon.**

Au lieu de cacher le changement de tarification et passer pour des soi-disant **champions** du rabais, vous feriez mieux de faire des **francs prix,** car pour l'instant, j'en**caisse,** mais pour que vous ayez un **ticket** avec les clients, **coupons** court à cette augmentation.

Jeux de mots de tête

Vous trouvez ci-dessous une liste de mes doléances :

- Vous vendez du **sucre**, mais vous n'êtes pas très **raffinés**, de la levure, mais ce n'est que pour nous rouler dans la **farine**. Vous vendez aux **gens bons** du beurre et de la crème pas fraîche, et ça, c'est très **laid**.

- Quant à vos produits laitiers en général, pas la peine d'en faire un **fromage**, vous pouvez **compter** sur moi. Si vous croyiez vous en sortir à bon compte, c'est **râpé**.

- Je **n'aime** pas non plus votre rayon asiatique. Je vois là une raison de plus de vous **saquer** et de vous dire qu'il y a du **sushi** à se faire.

- En ce qui concerne le rayon **boissons**, fréquenté en majorité par des gens **imbuvables**, il ne va vous apporter que des **déboires** et c'est vous qui allez **trinquer** par la suite.

- Votre rayon parapharmacie est tellement petit qu'on s'y sent **comprimé**, pour ne rien vous **cacher** et qu'il donne tout simplement envie de prendre la **poudre** d'escampette. J'ai essayé les **tubes** de crèmes amincissantes et je me sens toujours aussi **flasque** ce qui me conforte dans l'idée que je ne vais pas vous passer de la **pommade**.

- Au niveau de la papeterie, on ne trouve jamais rien. Il faudrait vous mettre à la **page** et ne pas tout prendre à la **lettre** et ce n'est pas moi qui dé**bloque, note**z, il va simplement falloir renouveler votre stock, mettre la **gomme** et ne pas vous mélanger les **pinceaux** si vous ne voulez pas avoir les consommateurs à vos **trousses.**

- Il y a tout de même des **règles** élémentaires à suivre et c'est à se demander si vous n'avez pas un **compas** dans l'œil. Je vais peut-être passer pour un **rapporteur,** mais je suis **d'équerre** et si je vous **colle** un inspecteur dans les pattes, ça ne sera pas pour vous mettre les **bâtons** dans les roues, mais pour que vous preniez conscience que le franc n'a pas survécu, qu'on a vu les prix augmenter et **l'euro marcher.**

Samira SICÈPACHER

Jeux de mots de tête

Lettre à mon ouvrier

Mr Turpin
18, Avenue Leplâtre
46800 Montcuq

Monsieur,

Vous avez voulu réparer mon évier et là, j'ai vu que vous étiez plein de **vices**. On m'avait pourtant prévenu que vous étiez **marteau**, mais arriver au stade de me voler ma clef pour en faire un double, j'ai vraiment envie de filer à **l'anglaise.** Avec vous, tout **tourne au vice**. Mais quand vous vous êtes aperçu que j'avais peur, vous n'avez rien trouvé de mieux que de vous fendre la **pipe**. (Tuyau en anglais, je vous file un tuyau !)

 J'ai apporté une cuvette pour récupérer l'eau et là, vous m'avez lancé, je ne veux pas une petite cuvette de gonzesse, mais un **seau d'homme**.

Je me suis dit que cette réflexion était profonde. Comme vous **plombiez** l'ambiance, vous vous êtes attaqué à l'électricité ce qui fut une vraie **prise** de tête. Vous avez essayé de me **brancher**, puis de **m'allumer,** bref, vous avec littéralement **disjoncté** après avoir **flashé** sur moi.

Je vous conseillerais vivement de changer de **secteur,** ce qui tomberait **pile-poil** vu que tout le monde est au **courant** de votre tendance à être obsédé, et là, vous trouveriez encore le moyen de trouver une autre **prise femelle**.

Jeux de mots de tête

Quand enfin, vous m'avez avoué que vous étiez menuisier, là je me suis dit, je touche du **bois**, mais ignorant que vous aviez du pain sur la **planche**, vous m'avez **contre plaqué** au sol, comme une **brute** qui se **déchaîne,** que rien ne **freine**, mais jamais vous ne vous êtes vraiment mis au **boulot.**

Laurent SERVICE

Jeux de mots de tête

Lettre à mon dentiste

**Dr Adam Delay
22, rue Alain Cisive
70000 Dampvalley-les-Colombes**

Monsieur,

Désolée, une fois de plus, de ramener ma **fraise**, mais je commence vraiment à avoir une **dent c**ontre vous et si vous continuez à vous comporter de la sorte, vous allez l'avoir dans les **gencives**. Avec votre allure du genre **collet** monté, vous **plombez** vraiment l'ambiance ! Vous mentez comme un arracheur de dents, si je puis ainsi m'exprimer.

- Un détartrage à 100 euros, à ce prix, je l'ai vraiment **dans les dents,** c'est év**ident**.

- Un stellite à 2000 euros, il est temps qu'on vous rende **la pareille** et ça, dans le **monde entier.**

- Un plombage à 650 euros, là, il est temps de crever **l'abcès** sans aller jusqu'à en débattre chez **Pivot.**

Je vous **signale** simplement que tout le monde af**flue hors** de votre cabinet. Même si les **pros taisent** ce genre d'information, leurs opérations seront cour**onnées** de succès.

Carie BRIDGE

Jeux de mots de tête

Lettre à ma vétérinaire

**A l'attention d'Annie Mal
19, rue Enrico Ala
69000 Lyon**

Madame,

Ce matin, cela peut paraître anodin, voir **bête**, je me suis **levée tôt** pour vous envoyer ce petit mot de remerciement. Pour moi qui suis plus accoutumée à me plaindre qu'à complimenter, vu mon caractère de **cochon** qui à **l'art** d'énerver, une fois n'est pas coutume, il m'est agréable de vous adresser ce pli pour vous remercier d'avoir sauvé mon petit Mistigri. Il **m'a tout** apporté pendant mes longues années de solitude, où, très à **cheval** sur les principes et même un peu tête de **mule,** je m'évertuais à refuser toute amitié pour noyer mon **cha**grin.

Je saute peut-être du **coq** à **l'âne**, mais je vous voulais simplement vous dire que je suis en admiration devant votre métier, qui est vraiment difficile et exige de votre part compétence et expérience :

- S'occuper des **moutons** est un travail de longue ha**leine.**

- Eviter les **brebis** galeuses et les vieux **boucs** n'est pas toujours facile.

- Ce qui est dé**truit** n'est d'aucun ap**port**, c'est pourquoi vous mettez un point d'honneur à sauver les animaux.

- Vos tarifs ne sont pas prohibitifs pour les soins que vous prodiguez, et même si vos clients sont parfois des drôles **d'oiseaux,** il n'y a jamais de prise de **bec.**

- S'ils font partis **de sectes**, vous ne prenez pas la **mouche**.

Aujourd'hui, il n'y a pas de **lézard**, j'ai **caïman** changé, et même si ça m'a donné un mal de **chien**, moi qui étais aux **abois,** je suis maintenant quelqu'un de **chouette,** car ça ne **sert** à rien de s'énerver.

Désormais je me **fends** sans cesse la poire, même si ça n'est pas du **Labiche** et je prends tout du bon côté, comme le font les gens optimistes.

Elisabeth ACORN

Jeux de mots de tête

Petits proverbes

Qui aime la rime écrit en vers, qui aime la prose persévère.
Celui qui a toujours faim a l'âme en table.
Celui qui meurt de faim perd la chaise.
Travailler à la poste est peut-être un facteur pour devenir timbré.
Le temps idéal pour un mariage est un ciel de traîne.
Cache-toi derrière la fenêtre quand tu es d'humeur vitrée.
Jette-toi par la fenêtre quand tu veux rester sur le carreau.
Il vaut mieux prendre un imper qu'en commettre.
Celui qui ment tôt rit sous cape. (blague canadienne)
Celui qui se fait jeter prend une veste.
Quand nous rencontrons un ami tard nous le méprisons.
On se prend une douche froide si on ne veut pas se mettre dans le bain.
Avec le diable, on s'attend à tout (malin, non ?).
Le comble du prof est de vider son sac.
Un cordonnier se mêle de ce qui le regarde.
On se mêle toujours de choses sûres. (Je m'en lassais).
Un médecin qui n'aime pas les manies est contre les tics.
On achète de l'eau de toilette pour se mettre au parfum.
Si je ne me rappelle plus qui a écrit Robinson Crusoé, c'est que ma mémoire me fait défaut (Defoe).
Tu bats des records en cyclisme, c'est pour cela qu'on t'adore.
C'est coton de faire une analyse synthétique quand on ne fait pas dans la dentelle.
Si vous ne savez pas qui est le dieu de la mer, posez-y donc la question.
Si tu manges trop de coquillages, tu clames.

Jeux de mots de tête

Un étang de poissons qui nagent vite est une mare à thons.
Si tu es paralysé tel est ton destin.
Si tu vas à Liège, tu auras sûrement un bouchon.
Il vaut mieux que tu te tues en France que tu te plantes à Scion.
On ne boit jamais un Bordeaux en vain.
Un comique qui aime les débardeurs arrive en courtes manches.
Les chrétiens aiment le sucre et les musulmans préfèrent l'édulcorant.
Ce n'est pas parce qu'on a de la bouteille qu'on peut pousser le bouchon trop loin.
Un stylo cassé ne paye pas de mine.
Celui qui perd son sang froid préfère faire des maths au logis.
Pour un chimiste anglais, ça se passe at home.
Nous nous brouillons toujours avec les gens qui ne sont pas propres.
Les gens sont hyper collants. C'est là que le bas blesse.
Au départ, je passe l'examen, mais à la sortie, l'ai-je ?
Si tous les candidats au permis de conduire appuient sur le champignon, il faut mettre un frein à ça.
Une laryngite c'est dur, mais une rhino c'est rosse.
Un médecin a toujours le tic de prendre le pouls. (Je vous mets la puce à l'oreille).
Si tu montes, autant l'éviter.
Une femme est lente quand elle n'a pas d'époux.
Une pieuvre se faisant des soucis se fait un sang d'encre.
Cet habit est si terne qu'il grise les sens. (Blague bidon).
Si tu brades ton yacht, c'est un vaisseau sans gain.
Un buffet est moins commode à bouger qu'une table.
Si tu pars à la Guadeloupe à pied, dans un an t'y es.

Jeux de mots de tête

Si tu y arrives en riant, ne fais point ta pitre.
A cette allure en Italie, tu y es dans mille ans.
Il faut toujours passer un coup de fil à un couturier.
Quand tu n'as pas assez de fringues à Dubaï, tu es à bout d'habits.
Une taille de guêpe rend les seins douloureux.
Dis leur que tu n'as pas de montre.
Si tu veux avoir plus chaud, tu te rabats au Maroc.
Les blagues ont toujours fusé à Kourou.
Et quand tu pars à Bastia ça se corse.
Quand tu commences dans l'enseignement, tu es certifié. Au bout de quelques années, tu es désagrégé.
Quand tu es licencié, tu maîtrises mieux les choses.
Les élèves fatigués ont le cafard, car ils font partis des cancres las.
On ne parle de radiothérapie que lorsqu'on en connait un rayon.
On mène celui qui en a marre à bout.
Un menuisier a la gueule de bois très tôt.
Quand un invité a pleuré, un hôte a ri.
A la longue, la cigarette t'abat.
Si tu veux rougir en commettant un vol, pique un phare.
Quand ça vole haut, ça vol-au-vent.
Si tu refuses une petite bise, l'autre se prend un vent.
Si tu te drogues, c'est stupéfiant.
Si tu te drogues de films, tu aimes l'héroïne.
Si tu prends trop de cocaïne, tu dérailles.
Les drogués s'extasient rapidement.
Quand tu vois, tu cries. Quand tu es aveugle, tu brailles.
Quand tu t'appelles Louis, tu ne peux pas faire la sourde oreille.

Jeux de mots de tête

Quand tu cours, tu ne peux pas réfléchir. C'est à l'arrêt qu'on pense.
On se taille quand on voit ta mine.
L'amant Sarde casse la baraque (petite blague maison).
On apprend de façon amère qu'on est incontinent.
Si nous l'avalons de travers, on en fait une montagne.
Un canard ne peut pas faire un signe.
Un éléphant ne peut pas être un animal sans défense.
Les agriculteurs acceptent les défauts, mais avec les chirurgiens laisse tes tics.
Les évêques qui perdent le nord ne sont point cardinaux.
Un policier qui tape un buraliste fait un passage à tabac.
Si les cigarettes augmentent, ça ne va pas faire un tabac.
Toujours lire des Astérix est une idée fixe.
Un poète sans inspiration est bien mal armé.
Un foie malsain n'est pas si rose.
Un vilain chien n'est pas un cas beau, car il y a forcément un os. Il est souvent aux abois.
Les gens aphones ne peuvent pas aller en Haute-Savoie.
Celle qui se cachait se sentait comprimée.
Quand tu bats un homme, c'est que tu ne manques pas d'air.
Les pierres précieuses valent cher, les galets rien.
Si un ramoneur tombe d'une cheminée, la mort s'en suit.
Les femmes qui épousent des noirs aiment les mecs à fric.
Et ces mecs n'y voient rien ! Ce sont pourtant des gars bons.
Une femme de ménage qui aime la danse se lance dans le ballet.
Il faut toujours laisser faire Harry.
Un bucheron à l'âme stère.
Dans un mariage, celui qui paye les anneaux raque.

Jeux de mots de tête

Si tu veux en voir de toutes les couleurs à la fac, tu dois passer des UV.
Si tu n'y arrives plus, tu perds tes facultés.
Si tu as un cancer, tu meurs.
Un boxeur KO est une brute alitée.
Tous les mois sont durs pour les agriculteurs.
Une danseuse fatiguée rentre tard en tulle.
Les philosophes adorent les piqures.
Pas besoin de sortir de Saint-Cyr pour s'épiler.
Si tu es SDF en Angleterre, il faut faire la manche et se taire.
En Russie, les loups râlent.
Un grand-père soviétique est un papy russe.
Quand tu prends un vol, il faut que tes horaires concordent avec ceux de l'avion.
Si on te prive de jeux vidéo, console-toi comme tu peux.
Il faut mettre un tablier quand tu as le blues.
Un breton qui n'a qu'un père, ça, c'est de la vanne.
Je ne vois pas comment améliorer la situation dans ces cités.
C'est chouette quand il y a de l'eau qui boue.
La danse du serpent est le plus beau de tous les arts.
Si tu conduis dans le nord, tu n'arrêtes pas de caler.
A la longue mes cornes m'usent déclare un cocu Ecossais.
(Encore un dont la femme ne s'est pas tenue à carreau).
La rousse a bien des maux.
Un homme fatigué a le cerveau lent.
On élabore toujours un plan quand on a un dessein.
Quand une lampe est chère, les prix douillent.
Celui qui a un pas lourd a un pas qui se tend.
Si ton fils prend un coup de soleil, il déchantera, car ensuite ton gosse pèle.

Jeux de mots de tête

Il faut bien que les cons vivent.
Les mots filent avec les gens qui perdent leur sang froid.
Tu mets quelqu'un à la porte quand tu sors de tes gonds.
En grammaire anglaise, le point le plus laid c'est les quasi modaux.
On pousse souvent le bouchon trop loin quand on veut garder la ligne.
Un misérable aime toujours faire un brin de cosette.
Si tu es malade en Italie, tu es ravie au lit.
Le fromage préféré du chimiste est la tomme.
La viande préférée du peintre est la palette.
Quand le Cid est fatigué, il baye aux corneilles.
Quand tu es assoiffé, tu bois l'eau de la fontaine.
Nous savons tous qui habite Marseille.
Si tu veux être dans le vent, il faut vendre des luges.
Un peintre téléphone avec de la monnaie alors qu'un philosophe utilise des cartes.
Le pastis est un alcool qui ne s'use pas. (Dans vot'cas peut-être pas).
Si tu habites une église, tu la loues au seigneur.
La baleine est un mammifère au dos fin.
Si ta mère est en bateau, tu vois ton père au quai.
Si tu oublies ton parapluie, tu risques des pépins.
Au ciel on ne sait pas où les âmes sont ni à qui sont ces âmes.
Quand un prof lègue son poste à un autre, c'est un poste hérité.
Quand tu photographies un canon, tu lui tires le portrait.
Au sud tu perds le nord, à l'est tu ères. (Je suis à l'ouest).
Un champ qui n'est pas beau ne paie pas de mine.
Le croisement entre un loup et un phoque serait loufoque.
Ne va plus au restaurant tous les jours, tu redeviendras menu.

Jeux de mots de tête

Un laitier monte à l'étage.
Si tu t'évades de prison, c'est la faute au maton. Il n'y a pas photo. Enfin, ne soyons pas négatifs.
Celui qui n'aime pas l'eau d'ici préfère l'eau de là.
Personne n'a envie de se retrouver SDF, sans toit et pis sans lit.
Un soldat qui refuse de manger reste aux rangs.
Un pompier domine toujours sa peur. S'il meurt, on dit feu...
Il faut faire faire du cinéma à sa fille et de la boxe au fils.
Quand on a vu son impôt, on n'en est pas revenu.
Mieux vaut avoir une langue de vipère que pratiquer la langue de bois. (boa)
Une crotte de chien te ralentit, car la matière fait cale.
Tu ne peux pas faire un pli si tu te froisses pour peu de choses.
Faire les choses au pif, c'est comme les faire à vue de nez.
Il faut avoir un grain pour ne pas aimer le couscous.
Si on ne peut pas plonger dans son travail, on se noie rapidement et on ne peut pas brasser d'argent.
Pas besoin de mobile pour être insupportable.
On ne se mouille pas trop quand on a un caractère bien trempé.
On peut même être un peu sèche.
Un magasin biologique ne peut pas être fermé, car il est ouvert.
On peut compter sur les gens du Doubs.
Si tu pars en Espagne avec ta grand-mère, endort la vieille.
Les gens du nord sont tous beaux, car il n'y a pas de cas laids.
Un séjour dans le var ne peut jamais dater d'hier.
Le malade qui aime les spaghettis fait des pâtes au logis.
J'ai le sentiment qu'on ne dit pas la vérité.
Si vous vous fichez d'un format PDF, je vous confirme que c'est de la daube.

Jeux de mots de tête

Pour arriver à lire, il faut être un véritable acrobate surtout quand on fait la java.
Si un homme se parfume, c'est pour que la femme l'accoste.
Pour un acteur, l'éloge se fait en coulisse.
Si on pense à son futur dès à présent, c'est plus que parfait.
Un âne sans eau ne peut s'abreuver, un âne sans connaissance n'a pas son brevet.
Si un chasseur rentre tard, son chien ne revient pas plus tôt.
On peut aimer le tir à l'arc sans être une flèche, du moment que c'est dans vos cordes.
En tant que cinéaste, on vit des hauts et des bas.
Il n'y a aucune prise sur un électricien qui s'applique.
Un policier endormi fait son travail au radar.
Un imbécile qui se fait avoir est un con vaincu.
Quand on s'enlace, on ne s'en lasse pas.
Le comble du père Noël serait de se faire enguirlander, car ce serait les boules pour lui.
Au train où vont les choses, la SNCF va encore faire grève.
N'écoute du rail que dans le train, du rock avec Pierre et du rap quand tu te légumes.
Un soldat guère épais n'en mène pas large dans les tranchées.
Un marchand de tabac se fend souvent la pipe.
Quand tu chômes, il peut t'arriver des tuiles.
Les abeilles qui ont le bourdon y vont dare-dare.
Tous les sadiques s'attirent.
Un paradis fiscal est un compte en cieux.

Jeux de mots de tête

Petits proverbes des personnes célèbres

Monet adorait l'argent, mais n'était pas aux pièces. Cependant il ne pensait pas Gauguin.
Un peintre myope est complètement miro.
Quand tu le lui reproches, il se braque.
Buffet est le seul qui n'a pas besoin de meubles.
Braye est celui qui crie tout le temps.
Un indien sans sioux Comanche à m'énerver.
Appeler sa fille Lourdes est digne d'une femme légère, enfin elle n'est pas si conne que ça.
On ne sait pas où était Voltaire pendant l'état de siège.
Elle est un peu stressante Barbara.
On ne sait pas comment Richard gère ses affaires.
Marc Lavoine a gagné beaucoup de blé.
Il avait une sacrée voie Ferré.
Maintenant Simone veille sur le destin de Chirac.
Georges marchait malgré son coup de barre.
Sur mon pare-brise, j'ai trouvé une amende à lire.
Vivien lègue tous ses biens.
Sur scène, Shakespeare coupait l'électricité et ôtait l'eau.
Son gâteau préféré c'était l'Hamlet norvégienne.
Pendant ce temps, le Prince Charles attend la suite.
Si tu vois Paul en ski, n'en fait pas un roman.
Le cinéma français serait à côté de ses pompes sans Dalle.
En politique tout s'achète, si tu veux je te loue Barre.
En pensant à Tabarly, il est vraiment sans gêne Eric.
Dans sa course, Prost a tellement mis d'as qu'il ne peut pas perdre.
Quand Jacques Vabres achète un terrain, c'est un hectare.

Jeux de mots de tête

Quand César achète un terrain, c'est tout un art.
Valérie fait des caprices qui sont pénibles.
Meryl fait encore son strip.
Il y a Nastasia qui ne skie qu'à Avoriaz et Sophie qu'à l'Alpes Duez.
S'appeler Chaucer, c'est pas le pied, s'appeler Saussure, c'est être à côté de ses pompes.
Harry Potter n'est pas un livre sorcier à lire.
Le raisin, ça mûrit en septembre, et oui ce n'est pas en avril la vigne.
Fanny est sur des charbons ardents.
Robert Smith se cure les dents.
Ursula en dresse des hommes.
Edith piaffe quand elle est impatiente.
En ce moment, Jeanne est à la masse.
Je ne supporte plus le bruit, je dis faut se taire.
J'ai même invité Fred à se taire.
Clyde dit la vérité, mais Bonnie ment.
Roger n'est pas un gars laid.
Depuis que Clinton s'est fait prendre, il a tous les maux Bill.
Quand Monica l'a vu, elle a ri. Mais lui ne se fait pas de bile.
On ne sait jamais où dine Martine.
Quand Mussolini faisait sa toilette, il allait se doucher.
Rabelais dina avec son bébé.
Henry fonda l'association des gens sans gêne
Toutes les femmes aiment Sacha, du moins le disent-elles.
Margaret n'est pas qu'un tas de chair.
Michèle a tort.
Francis a su se taire.
Sur le plan musical, Jean-Michel Jarre fait la loi.

Jeux de mots de tête

Chantal a eu le prix Nobel.

Megan et Clio ne méritent pas d'avertissement de conduite. Elles sont justes à un mauvais tournant.

Salvator Dali rencontra sa femme lors d'un gala. Amanda vous confirme que se fut du délire.

Durant les années 70 Jacques Dutronc n'était pas très branché. Dans les années 80 il est devenu plus hardi.

C'est au tour de Michel de les héberger.

Le jour où Véronique devint muette, elle resta sans son.

De mon temps, on s'ignorait.

Bruno Masure et François Chalet pourraient rencontrer Barak Obama.

Hitler était un bon à rien qui croyait faire fureur.

Eve n'avait aucun autre homme à se mettre sous la dent, il fallait bien que genèse se passe.

Jeux de mots de tête

Devinettes

Quel est le curé admiratif de la grande armée de Napoléon ?
_____
Quel est le curé préféré de Mozart ? _____
Quel est le curé préféré du pharmacien ? _____
Quel est le curé préféré du cuisinier ? _____
Quel est le curé préféré de l'épicier ? _____
Quel est le curé préféré de Chantal Goya ? _____
Quel est le curé qui réunit la Belgique, les pays bas et le Luxembourg ? _____
Quel est le curé préféré de l'idiot ? _____
Quel est le curé préféré du lustrier ? _____
Quel est le curé préféré de la SPA ? _____
Quel est le curé qui prend tout à la lettre ? _____
Quel est le curé qui commet des erreurs par ignorance et inadvertance ? _____
Quel est l'abbé qui ne s'enrichit jamais ? _____

Jeux de mots de tête

Quel est le curé admiratif de la grande armée de Napoléon ? L'abbé Résina.

Quel est le curé préféré de Mozart ? L'abbé Mole.

Quel est le curé préféré du pharmacien ? L'abbé Quille.

Quel est le curé préféré du cuisinier ? L'abbé Chamel.

Quel est le curé préféré de l'épicier ? L'abbé Trave.

Quel est le curé préféré de Chantal Goya ? L'abbé Cassine.

Quel est le curé qui réunit la Belgique, les pays bas et le Luxembourg ? L'abbé Nélux.

Quel est le curé préféré de l'idiot ? L'abbé Tise.

Quel est le curé préféré du lustrier ? L'abbé Levédère.

Quel est le curé préféré de la SPA ? L'abbé Stiole.

Quel est le curé qui prend tout à la lettre ? L'abbé Cédaire.

Quel est le curé qui commet des erreurs par ignorance et inadvertance ? L'abbé vue.

Quel est l'abbé qui ne s'enrichit jamais ? L'abbé Névole.

Jeux de mots de tête

Devinettes entre amis

Quel est l'ami fleuriste ? _____
Quel est l'ami pénible ? _____
Quel est l'ami voisin ? _____
Quel est l'ami de la gorge ? _____
Quel est l'ami politicien ? _____
Quel est l'ami fruitier ? _____
Quel est l'ami syndicaliste ? _____
Quel est l'ami adjudant qui crie ? _____
Quel est l'ami étrange ? _____
Quel est l'ami étranger ? _____
Quel est l'ami Américain ? _____
Quel est l'ami Sympa ? _____
Quel est l'ami bucheron bizarre ? _____
Quel est l'ami partagé ? _____
Quel est l'ami des lavabos ? _____
Quel est l'ami éternel ? _____
Quel est l'ami du cou ? _____
Quel est l'ami des araignées ? _____
Quel est l'ami de l'aristocratie ? _____
Quel est l'ami de Tintin ? _____
Quel est l'ami des champignons ? _____
Quel est l'ami anglais qui commet des erreurs ? _____
Quel est l'ami des gants ? _____
Quel est l'ami des plantes ? _____
Quel est l'ami des infections ? _____
Quel est l'ami sans sous ? _____
Quel est l'ami flingueur ? _____
Quel est l'ami du sud-ouest ? _____
Quel est l'ami pauvre ? _____

Jeux de mots de tête

Quel est l'ami fleuriste ? L'ami Mosa.
Quel est l'ami pénible ? L'ami Rite.
Quel est l'ami voisin ? L'ami Toyen.
Quel est l'ami de la gorge ? L'ami Dale.
Quel est l'ami politicien ? L'ami Terrand.
Quel est l'ami fruitier ? L'ami Rabelle.
Quel est l'ami syndicaliste ? L'ami Litant.
Quel est l'ami adjudant qui crie ? L'ami râle.
Quel est l'ami étrange ? L'ami Stique.
Quel est l'ami étranger ? L'ami Xité.
Quel est l'ami Américain ? L'ami Chigan.
Quel est l'ami Sympa ? L'ami Tié.
Quel est l'ami bucheron bizarre ? L'ami stère.
Quel est l'ami partagé ? L'ami Tigé.
Quel est l'ami des lavabos ? L'ami Tigeur.
Quel est l'ami éternel ? L'ami Lénaire.
Quel est l'ami du cou ? L'ami Nerve.
Quel est l'ami des araignées ? L'ami Gale.
Quel est l'ami de l'aristocratie ? L'ami Lord. L'amie Lady.
Quel est l'ami de Tintin ? L'ami Lou.
Quel est l'ami des champignons ? L'ami Cose.
Quel est l'ami anglais qui commet des erreurs ? L'ami Stake.
Quel est l'ami des gants ? L'ami Taine.
Quel est l'ami des plantes ? L'ami Lepertuis.
Quel est l'ami des infections ? L'ami Crobe.
Quel est l'ami sans sous ? L'ami Sère.
Quel est l'ami flingueur ? L'ami Traillette.
Quel est l'ami du sud-ouest ? L'ami Misan.
Quel est l'ami pauvre ? L'ami Sérable.

Jeux de mots de tête

Devinettes avec Sarah

Sarah Vigote
Sarah Moli
Sarah Ture
Sarah Semble
Sarah Fraîchit
Sarah Longe
Sarah Lentit
Sarah Sure
Sarah Bougri
Sarah Tatouille
Sarah Gout
Sarah Zin
Sarah Té
Sarah Verouge
Sarah Letoutletemps
Sarah Cole
Sarah Vin
Sarah Courcit
Sarah Chète
Sarah Dine
Sarah Tifie
Sarah Tatine
Sarah Caille
Sarah Vageur
Sarah Vie
Sarah Conte
Sarah Joute
Sarah Longe

Jeux de mots de tête

Sarah Lume
Sarah Pelle
Sarah Tiboise
Sarah Vale
Sarah Fale
Sarah Leuse
Sarah Cine
Sarah Ce
Sarah Commode
Sarah Pidité
Sarah Corde
Sarah Croche
Sarah Biboche
Sarah Fine
Sarah Porte
Sarah Quette
Sarah Proche
Sarah Scasse
Sarah Lebol
Sarah Spoutine
Sarah Sasie
Sarah Staqouère
Sarah Tisse
Sarah Telier
Sarah Tiboise
Sarah Tionalise
Sarah Tache
Sarah Vage
Sarah Valement de façade (noble)
Sarah de Marée (noble)

Jeux de mots de tête

Sarah Vitaille
Sarah Vine
Sarah Vi
Sarah Vise
Sarah Zia
Sarah Ducou
Sarah Rissime
Sarah Sade
Sarah Petisse
Sarah Fermit

© 2020, Lucce, Emma
Edition : Books on Demand,
12/14 rond-Point des Champs-Elysées, 75008 Paris
Impression : BoD - Books on Demand, Norderstedt, Allemagne
ISBN : 9782322202317
Dépôt légal : janvier 2020